Inhalt

Neuromarketing - Werbung entdeckt das Gehirn der Kunden

Kernthesen

Beitrag

Fallbeispiele

Weiterführende Literatur

Impressum

GENIOS WirtschaftsWissen Nr. 09/2007 vom 06.09.2007

Neuromarketing - Werbung entdeckt das Gehirn der Kunden

K.Zirkel

Kernthesen

- Viele Unternehmen erhoffen sich Informationen über das Kaufverhalten ihrer Kunden, indem sie das Gehirn von einem Computertomografen durchleuchten lassen.
- Die Computerbilder zeigen, welche Areale im limbischen System, dem emotionalen Zentrum des Gehirns, bei der Entscheidung für ein bestimmtes Produkt stimuliert werden.
- Die Emotionsfelder Balance, Dominanz und Stimulanz steuern im Wesentlichen die (Kauf-) Entscheidungen der Kunden.

Beitrag

Marketingstrategen haben die Hirnforschung entdeckt. Wie reagiert das menschliche Gehirn auf Botschaften der Werbung? Um diese Frage zu beantworten, wandern Konsumenten immer häufiger in die Röhre des Computertomografen.

Keine Entscheidungen ohne Gefühl

Immer mehr Unternehmen interessieren sich für die Methoden und Erkenntnisse der Hirnforscher - sie wollen wissen, wie sie die (Kauf-) Entscheidung ihrer Kunden stimulieren können. Neuromarketing beschäftigt sich damit, wie Kauf- und Wahlentscheidungen im menschlichen Hirn ablaufen, vor allem aber, wie sie beeinflusst werden können.
80 Prozent aller Entscheidungen werden unbewusst getroffen, das haben Wissenschaftler bereits herausgefunden, lange bevor das Marketing die Erkenntnisse der Hirnforschung für sich entdeckte. Jüngere Untersuchungen aus der Neurowissenschaft gehen noch ein Stück weiter: Sie vertreten die These, dass letztlich alle Marken- und Kaufentscheidungen Gefühlsentscheidungen sind, ja dass es

Entscheidungen ohne Gefühl gar nicht gibt. (1), (2)

Gefühl (Emotion) und Verstand (Kognition) können also nicht unabhängig voneinander betrachtet werden. Untersuchungen haben gezeigt, dass bestimmte Marken durch neuronale Netzwerke im menschlichen Gehirn verankert sind, in denen Produkteigenschaften und Emotionswelten miteinander verknüpft sind. Die Bilder des Computertomografen zeigen genau, welche Areale in den emotionalen Zentren des Gehirns, dem so genannten limbischen System, bei der Entscheidung für ein bestimmtes Produkt stimuliert werden. Dort befinden sich die vitalen Bedürfnisse des Menschen, etwa Instinkte wie Atmung, Schlaf, Nahrung und Sexualität. Um dieses Areal gruppieren sich weitere Steuerungselemente, die unsere Entscheidungen beeinflussen, die so genannten Emotionsfelder Balance, Dominanz und Stimulanz.
Das Balance-Feld ist zuständig für Sicherheit und Stabilität, das Dominanz-Feld für Macht, Autonomie, Leistung und Durchsetzung während der Stimulanz-Bereich für Gefühlsregungen wie Neugier, Überraschung, Belohnung und Entdeckung steht; die einzelnen Emotionsfelder können sich je nach Charaktertyp überschneiden; besonders häufig sind Verbindungen von Stimulanz und Balance. Ein Kunde mit einem derartigen Profil würde beispielsweise sagen: Ich möchte entdecken, aber ohne Risiko. Ich

versuche es mal aus dem Fernsehsessel heraus. Für die Werbepraxis bedeuten die Erkenntnisse der Hirnforscher: Wer Kunden für sich gewinnen will, muss das jeweils dominierende Emotionsfeld ansprechen, um das Gehirn zu aktivieren und einen Kaufanreiz auszulösen. (1), (3), (5)

Entscheidend ist der Point of Sale

Voraussetzung dafür ist jedoch, dass die mit der Marke verbundenen Gestaltungs- und Gefühlswelten stimmig dargestellt sind. Nivea setzt seit jeher auf das Emotionsfeld Offenheit/Fürsorge, der Porsche 911 auf das Emotionsfeld Dominanz und das Mineralwasser Staatlich Fachingen auf Balance. Auch dem Vertrieb fällt eine wichtige Aufgabe zu. Im direkten Kundenkontakt müssen Verkaufsargumente exakt auf ihr jeweiliges Gegenüber abgestimmt werden. Ein Kunde, der beispielsweise Wert auf Sicherheit und Stabilität legt, wird sich eher für ein Produkt entscheiden, das eine problemlose Handhabung verspricht (Da brauchen Sie sich um nichts mehr zu kümmern). Entscheidend ist jedoch, dass der Point of Sale (POS) emotionalisiert ist, da hier in der Regel die Kaufentscheidung fällt. Die Verkaufsräume sollten einfach zu entdecken sein und Platz bieten, damit sich der Kunde nicht beengt fühlt. Licht und Geruch sollten ansprechend sein und dem Zeitgeist entsprechen, die Waren übersichtlich präsentiert werden, durchbrochen lediglich von überraschenden Aktionen. Denn das menschliche Gehirn will einerseits Sicherheit und andererseits etwas erleben. Produkte oder Dienstleistungen, die keine Emotionen auslösen, sind nach den Erkenntnissen der Hirnforscher nutzlos. (3), (5)

Welche Bedeutung emotionale Prägungen der Kunden für ein effizientes Marketing haben, lässt sich sehr anschaulich am unterschiedlichen Rezeptionsverhalten der Geschlechter darstellen. Während Frauen alles anspricht, was mit Harmonie und Fürsorge, Fantasie und Offenheit zu tun hat, reagieren Männer verstärkt auf Emotionen wie Kontrolle, Performance, Macht, Berechenbarkeit und Technik. Bei starken Marken werden die Gehirnareale, die für das Nachdenken zuständig sind, abgeschaltet, während die Bereiche, die für spontane Handlungen zuständig sind, aktiviert werden. Starke Marken entlasten also das Nachdenken. (5)

Zwei Faktoren sind ausschlaggebend für den Grad der emotionalen Kundenbindung: das Image der Marke und die Zufriedenheit des Kunden mit der Marke. Untersuchungen haben gezeigt, dass zwar rund 80 Prozent der Kunden mit der Marke überdurchschnittlich zufrieden sind. Doch nur 40

Prozent bleiben der Marke gegenüber tatsächlich loyal, die andere Hälfte läuft beim nächstbesten Angebot zur Konkurrenz über. In manchen Branchen liegt der Anteil dieser Söldnerkunden bei bis zu 45 Prozent. Betroffen sind vor allem Fluggesellschaften, Tankstellen und der Handel - Bereiche, die in den vergangenen Jahren durch Kundenkarten und Prämiensysteme verstärkt versucht haben Kunden an sich zu binden. Doch der zunehmend schärfere Wettbewerb hat zur Folge, dass viele Produkte und Angebote austauschbar sind, so dass die Marken andere Unterscheidungsmerkmale benötigen, um eine Alleinstellung zu erreichen. Emotionale Markenführung ist in diesen Fällen der beste Schutz vor Abwanderung zur Konkurrenz. Denn wenn Kunden eine große emotionale Bindung zu einer Marke spüren, verzeihen sie eher Fehler, achten weniger auf Wettbewerbsangebote und empfehlen das Produkt gern weiter. (4)

Nach dem Grad der emotionalen Bindung unterscheiden Marketingexperten drei Kundengruppen:
- Überzeugungstäter: Sie sind zufrieden mit der Marke und dem Produkt. Emotion und Verstand stimmen, sie sind treue Kunden. Maßnahme: Ihre Bereitschaft, das Produkt weiterzuempfehlen, aktivieren, sie zu Botschaftern einer Marke machen.
- Söldnerkunden: Sie fühlen sich kaum an eine

Marke/ein Produkt gebunden, die Gefahr der Abwanderung ist groß. Durch mehr Leistung lassen sie sich nicht beeindrucken, für sie muss die emotionale Seite gestärkt werden. Maßnahmen: Markenführung und Emotion, direkte, persönliche Kommunikation.

- Terroristenkunden: künftige ehemalige Kunden, die unzufrieden mit dem Produkt sind und sich nicht an eine Marke gebunden fühlen. Es droht negative Mundpropaganda. Um sie zurück zu gewinnen sind große Investitionen in Emotion und Leistung notwendig. Maßnahmen: Aktionen, um sie zurück zu gewinnen und zugleich um zu verhindern, dass weitere Kunden abwandern. (4)

Fallbeispiele

Ein Klassiker des Neuromarketing ist der **Coca Cola/Pepsi**-Test im Computertomografen aus dem Jahr 2003. Im Blindtest bevorzugen die Kunden Pepsi, kaufen aber letztlich lieber Coca Cola. Obwohl also den Kunden Pepsi besser schmeckt, ist Coca Cola weltweit der erfolgreicherer Limonadenhersteller. In der Kernspinresonanztomografie war der Unterschied deutlich zu sehen: Solange die Versuchspersonen nicht wussten, welche Marke sie tranken, war überwiegend der so genannte ventromediale präfrontale Kortex im Gehirn aktiv. Sobald ihnen jedoch das Coca-Cola-Label gezeigt wurde, waren auch in den tiefer liegenden Hirnarealen Zeichen erhöhter Aktivität zu sehen, nämlich aus dem Hippocampus und Teilen des Mittelhirns - allesamt Bereiche, die Gefühle verarbeiten. Beim Anblick des Pepsi-Logos blieben diese Regionen jedoch stumm. Die weniger bekannte Marke geriet ins Hintertreffen, weil bei der Kaufentscheidung nicht nur die höheren Funktionen der Hirnrinde (Kortex) eine Rolle spielen, sondern auch Erfahrungen, Erinnerungen und Gefühle - und dort punktete die bekanntere Marke Coca Cola. (1), (6)

Wie Werbung das limbische System im Gehirn aktivieren und Kaufreize auslösen kann, sobald das dominierende Emotionsfeld angesprochen wird, zeigt auch das Beispiel des Mobilfunkproviders **O2**. O2 gelang es mit Hilfe der Hirnforschung seine Online-Werbung zu optimieren und die Klickraten der Werbebanner um 22 Prozent steigern; zudem konnten sechs Prozent der Klicks in Bestellungen umgewandelt werden. In einem ersten Schritt ermittelte der Mobilfunkbetreiber über eine Konsumentenbefragung das Emotionsfeld der Kunden. Es zeigte sich, dass sich die Marke O2 überwiegend in den Bereichen Stimulanz und

Dominanz bewegt, limbisch gesehen wurde die Marke mit Abenteuer, Mut und Extravaganz verbunden. Im nächsten Schritt experimentierten die Marketingexperten welche Werbemittel - passend zum limbischen Markentyp - die beste Wirkung erzielen. In der Kreationslinie Weltraum wurden die Stimulanzeigenschaften Grenzenlosigkeit, Außergewöhnlichkeit, Ästhetik und Kreativität betont, in der Linie Snowboard die Dominanzeigenschaften Abenteuer, Mut, Impulsivität und Selbstbestimmung. Während die Klickrate beim Motiv Weltraum im Vergleich zu normalen Werbemitteln um 22 Prozent stieg, waren es beim Motiv Snowboard sogar 43 Prozent. Zudem hatte das Snowboard-Motiv eine um sechs Prozent höhere Umwandlungsquote von Klicks in Bestellungen. (6)

Weiterführende Literatur

(1) Marketing entdeckt das Gehirn der Kunden
aus Lebensmittel Zeitung 03 vom 19.01.2007 Beilage Nonfood Trends 01/07

(2) »Neuro-Marketing« für die Konzerne immer wichtiger
aus Abendzeitung vom 4.8.2007 Seite 5

(3) "Emotionen bestimmen die Werte"
aus acquisa, Vol. 55, Heft 03/2007, S. 18-19

(4) Marketing für die Gefühle der Kunden
aus HORIZONT 26 vom 28.06.2007 Beilage Kongress
der Deutschen Marktforschung

(5) Warum Kunden kaufen
aus acquisa, Vol. 55, Heft 03/2007, S. 13-17

(6) Markentreue hinterlässt Spuren im Gehirn
aus Stuttgarter Zeitung, 17.03.2007, S. 51

(7) "Den Buy-Button im Hirn gibt es nicht"
aus Der Kontakter Nr. 33 vom 13.08.2007 Seite 028

Impressum

Neuromarketing - Werbung entdeckt das Gehirn der Kunden

Bibliografische Information der deutschen Nationalbibliothek

Die Deutsche Nationalbibliothek verzeichnet diese Publikation in der deutschen Nationalbibliografie; detaillierte bibliografische Daten sind im Internet über http://dnb.d-nb.de abrufbar.

ISBN: 978-3-7379-0743-9

© 2015 GBI-Genios Deutsche Wirtschaftsdatenbank GmbH, Freischützstraße 96, 81927 München, www.genios.de

Alle Rechte vorbehalten. Dieses Werk ist einschließlich aller seiner Teile – z.B. Texte, Tabellen und Grafiken - urheberrechtlich geschützt. Jede Verwertung außerhalb der Grenzen des Urheberrechtsgesetzes bedarf der vorherigen Zustimmung des Verlags. Dies gilt insbesondere auch für auszugsweise Nachdrucke, fotomechanische Vervielfältigungen (Fotokopie/Mikroskopie), Übersetzungen, Auswertungen durch Datenbanken oder ähnliche Einrichtungen und die Einspeicherung und Verarbeitung in elektronischen Systemen.